Jag och Mr. P

En diktsamling om att leva med Parkinsons
sjukdom

Bo Elevall

Illustrationer av Christer Kvant

© Bo Elevall 2020
Omslag och illustrationer: © Christer Kvant
Redaktörer: Jennie Elevall & Sophy Elevall
Form inlaga: Sophy Elevall & Sai Johansson Nordlund
Följ oss på: facebook.com/jagochmrp samt #kvantart på
Instagram

Förlag: BoD – Books on Demand, Stockholm, Sverige
Tryck: BoD – Books on Demand, Norderstedt, Tyskland
ISBN: 978-91-7569-068-1

*Till dig som lever och kämpar med Parkinsons
sjukdom och till er som går vid deras sida*

Bosse – våren 2020

Förord

Mitt namn är Bosse Elevall och jag är fyllda 70 år.
Mitt yrke har varit kock och jag har varit egen
företagare i cirka 30 år samt seglat till sjöss på
Johnson- och Salénrederierna och Godby Shipping.
Jag bor på Kungsö på Åland och är gift med
Kerstin och har döttrarna Jennie och Sophy och
två barnbarn: Amatheus och Chia.

År 2007 blev jag diagnostiserad med Parkinsons
sjukdom och boken du har i din hand är en diktbok
som berättar hur det är att leva med parkinson –
eller som jag kallar honom: "Mr. P". Mr. P sitter
ofta på min högra axel och iakttar det jag säger eller
gör och ställer till det för mig.

Alla mina dikter kommer från episoder som jag
själv har varit med om. Känslorna är äkta och
stundom obehagliga och visar hur jag personligen
har reagerat på händelserna. Upplevelsen av
parkinson kan vara väldigt individuell, men efter
vad jag har erfarit genom samtal med andra som

också har diagnosen tror jag ändå att det finns en möjlighet att känna igen sig. Och jag hoppas att mina dikter ska hjälpa dig som är i en liknande situation.

Att skriva dikter är även ett sätt för mig att förklara för min familj och omgivning varför jag reagerar och känner som jag gör i olika vardagliga situationer som jag tidigare inte haft problem med. För att inte bli för tråkig, finns det lite knorr och satir i texterna!

En stor tanke som maler på i mitt huvud hela tiden är också den om klimatförändringarna. Därför har jag mot slutet av boken tagit med två dikter om detta.

Gå gärna in på min Facebooksida Jag och Mr. P om du vill ha kontakt med mig eller kanske skriva några rader om vad du tycker om boken.

Bosse, december 2020

Diagnosen

Vitt typiskt rum för att diagnostisera
Så en mänsklig varelse om sig får veta lite mera
Mötets stund är inne
Nu ska jag få veta varför
Jag ibland känner mig stel som en pinne

Väl där inne i rummet
En man i vit rock mot mig sin hand sträcker
Genast min spända nyfikenhet han väcker

Handen i hans hand samtidigt som han den skakar
Frågar han mig plötsligt om ett mattetal
Jag lider genast nervöst, får samvetskval
För vet att i matte är jag enormt skral

Nå väl, summan av talet var förstås inte viktigt
Utan att se hur jag reagerade med flera saker på
gång samtidigt
Förklarade mannen i vit rock viktigt
För att ett resultat skulle nås
Och jag få en sanningsriktig prognos

Därefter blev jag tillsagd att både springa och gå
För att se, sa han, hur armarna pendlade då
Var som jag antog
De pendlade inte nog

11

Lite mera personliga frågor och undersökningar
följde
Innan han för mig hemligheten med Parkinsons
sjukdom röjde

Så gick det till
Och efter den dagen har jag inte riktigt kunnat göra
Vad jag i varje situation vill

Sömnlös natt

Kan inte förstå
Varför man inte ska få sova då
Gjort allt på dagen rätt
Med tanke på att när natten kommer, få sova flera
timmar i sträck

Koncentrationen tar till början fart
Tanken talar: "Ska jag få sova snart?"
Men det är svårt att få det att hända
Ty med kroppen stel som en pinne
Har man svårt att till sköna sovsidan vända

Trött och irriterad jagar jag en sån där ljuv och
skön sovartanke
Men den kommer inte ikapp
Utan jag reser mig upp vinglig och stel
Innan jag får fnatt

Ingen idé att ligga kvar i sängen och älta
Går upp och tar något matnyttigt som magen
långsamt får smälta
Återvänder till sängen, faller ner som en tung
rotvälta
Griper tag i kudde och lakan
Tänker nu måste jag väl ändå få sova för satan!

I glada vänners lag – Mr. P och jag

I sinnet glad och förväntansfull
Ska gå på middag, äta med goda vänner
Ni vet sådana människor som man känner

Mötet i dörren (eller säger man entrén?)
Blir hjärtligt och kramigt
Aj satan, nu börjar mitt ben!
Ivrig och glad hade jag hemma med Mr. P
slagit vad
Att hur det än går
Skulle jag aldrig ikväll visa Mr. P hur jag mår

Konversationen är på topp
Efter att alla förrätten ätit opp
Ingen märker och ser
Att jag stilla tyst för mig själv ber:
"Snälla högerben, jag vet att du vill
hoppa upp och ner
Men lova mig att inte visa det för fler!"

Men vänta du lilla krake det kommer mer
Plötsligt slår känslan till och jag blir stel som
en istapp
Är det månne dopamin-glapp?
Nej! Nej! Inte redan! Hur ska det då bli sedan?
När man med vinet skall skåla
Och bara ett glas tåla
Hör som i trans från ingenstans: "Sluta jåla!"

15

Samtidigt Mr. P:s röst gör sig hörd från min högra
sida:
"Nu är tiden inne för dig att få lida
Jag sätter mig ner i ditt knä
Dags för mig att verkligen vara mä"

Tallriken med varmrätten varsamt framför mig
ställs ner
Och till min fasa en stor köttbit jag ser
Jag som har så svårt att svälja kött
nu mer
Nu gäller det att vara snabb och säga:
"Vilken godbit vi fick!"
För ingen skall upptäcka mitt krångel med mina
bestick

När tuggandet och skålandet efter varmrätten
upphört
Sparkar jag ner Mr. P från mitt knä och hoppas
att han inte så mycket stört
Ser fram emot en god behaglig och lättätlig efterrätt
Känner mig med ens lite lugnare på något sätt
Ty efter maten brukar pratet från gänget bli lite
diffust
Eftersom de flesta inte har druckit enbart
äppelmust

Som alla vet kan mat och dryck
I kroppen skapa ett slags övertryck

Och för att återställa det till rätt nivå
Måste man till toan gå

När mitt jobb på muggen är klart
Vore det ju uppenbart
Att knäppa brallan och gå ut, men ack nej
Måste ju åt Mr. P säga hej

Mina armar och fingrar bara slappar
Kan ej fixa mina byxknappar
Panik uppstår!
Undrar de andra vad som här inne pågår?
Äh skit samma
Här inne kan jag ej stanna
Fokuserar mot mitt mål
Att få knappen att träffa sitt hål
Och med mycket möda och besvär
Så sitter knappen där
Men fan, ska det alltid behöva vara så här?

Efter bjudningen hem och summera
Säger högt: "Inga fester för mig mera!"
Tänker sen efter
– vad vore livet utan fester?

Hur fan ska man bli social?

Med stirrande stel blick
Möter jag ett leende som jag just fick
Panik! Fan hur sköter du dig ansiktet mitt?
Använd för tusan mimiken – fast den är stel
Kan väl aldrig vara fel!
Fast den känns ju väldigt stel

Stå still! Lugn nu!
Du kunde ju förut!
Det går nog bra – bara du bjuder till och vill
Nej snälla! Bara ett steg till!
Men för tusan, måste känna efter om jag vill?

Men för fan! Var nu inte så jävla banal!
Hela din kropp och hjärna älskade ju förut att vara
jättesocial
Ja, ja, ja, men nu känns det ofta som jag famlar
I ett tomt och skört skal

Benet och armen skakar till
Aha! Kroppen vill!
Leendet kom igen nu! Ge mig en chans till!
Skiter i om jag inte med kroppen kan stå still
Koncentration på högsta nivå
Du muskel till höger
När jag räknar till två
Rör dig det smidigaste då

Saken är klar! Jag är inte så banal
Kan tamejfan fortfarande vara social!

Vi skall gå ut och gå idag Mr. P och jag

OH! Vilken solig dag idag
Smiter bort från Mr. P ett tag
Går ut på en lång promenad

Kläder på!
Brukar i regel vara ett sjå
Men har som sagt smitit från Mr. P idag
Fötter och armar rör sig fritt och fint ett bra tag
För det är ju inte Mr. P:s dag idag

Men som en blixt från klar himmel
Armar och ben börjar åter bli stela
Nej, nej, idag får det inte fela
Har ju bestämt mig för att felfritt promenera
Vill inte veta av Mr. P nåt mera!

Vem sitter på nacken och viskar:
"Gå långsammare, låt dina muskler bli
stela och svaga
Börja gnäll och dig beklaga!"
Med lite jävlaranamma
Tar jag genast den obehagliga rösten av daga

Hurra jag vann över dig idag
Fortsätter promenera och känner mig
fantastiskt glad
Åter en positiv parkinsondag!

Utebliven chock

När mannen i den vita rocken sa: "Du har
parkinson"
Som en utmanande boxare delade han ut smockan
Han väntade avvaktande på att i mina ögon få se
chocken

Jag tror han blev lite besviken när han såg på mig
Att jag plötsligt sken upp, blev glad och sa:
"Vet du vad!
Har länge funderat på varför min kropp inte
fungerar som förr
Det du nu har sagt åt mig är som att du öppnat en
dörr
Till ett nytt spännande rum"

Efter samtalet med mannen som kallas neurolog
Förstod jag kanske inte till en början att det var hos
mig bollen låg

Först efter något år jag det insåg

Att leka med mitt barnbarn

Ett absolut sätt
Att på Mr. P få sprätt
Är att på mitt barnbarn leta rätt

Det komiska i hela denna story
Är att han föddes 2007
Och är lika gammal
Som min Mr. P är nu

Fem år blir han till våren
Och han kan verkligen få mig att inte känna
parkinsonsåren
Hans ärliga lek och uppsåt
Kan få vilken människa som helst att brista ut i
lyckogråt
Hans frågor och svar
Kan eka i min parkinsonskalle i flera dar
När jag hans kluriga frågor försöker förklara och
svara
Skrattar han glatt och lyckligt, säger: "Morfar, så
kan det väl inte vara"
Då är det bara att tillbaka svara: "Skoja bara"

Med en forskande och på något sätt enormt
medveten blick
Kan han på ett kick
Få mig att glömma att jag en märklig sjukdom fick

Ja att leka med Amatheus, han heter så
Kan få allt ont, tråkigt, i mitt huvud att undan
stoppas
Få mig att på en ljus framtid hoppas

Därför mitt barnbarn är jag evigt tacksam att du vill
leka med mig

Den store och lille Mr. P

Vissa dagar är han alldeles för stor Mr. P
Och då kan de flesta saker gå på sne
Jaså, och vad händer då?
Jo ta till exempel, en dag var jag tvungen att sträcka
mig på tå
För att nå den sak jag ville ha
Men som jag sa
Var det en sån där Mr. P-dag när ingenting går bra
Med ena handen högt på hyllan
Den andra stödd mot väggen
Ja det såg nog ut som att jag var på fyllan!

Nå till saken
Jag föll naturligtvis pladask på baken!
Reste mig därefter upp
Som en yrvaken tupp
Blev både ledsen och dyster
Skrek: "MR. P! NU SKA DU VARA TYSTER!"

Så både parkinsonbroder och parkinsonsyster
Gå aldrig omkring och var dyster
För att Mr. P är för stor
Det är ju bara vad HAN tror!

Dessa sömnlösa nätter

Fan klockan redan 24
Åter dags att stoppa i sig Mr. P:s "ryss fyra"
Och börja nattens yra
Inväntar känslan när armar och ben känns lösa och
fria
Börjar sen huvudet och delar av kroppen klia
Nu tror jag tiden är inne
Kroppen är inte längre stel som en pinne
Som vanligt tog det ganska precis en timme

Klockan är nu ett
Här ska sovas fett!
Med lätt hasande steg mot sovrummet jag pyser
Där frugan ligger och myser
I djup och skön sömn

Glasögon av, rätt kroppsställning intagen
Så att det inte blir ett platt fall på magen
Börjar med ryggläge
Känner efter att kudden ligger rätt
Men fan det känns inte helt rätt
Försöker att vrida mig till att ligga på sidan
Åt helvete fel håll, stönar, stånkar, sliter med armar
och ben
Kollar den lysande diggeklockan, redan halv två
Måste för att rätt sida på kroppen i sängen få
Kämpa mig upp på golvet och stå
Trött irriterad satan nu är klockan redan två!

29

Ett försök till i sängen, ligger sedan i oändlig tid
still
Vad nu, det värker och rycker i parkinsonsidan
Fattar han inte att min hjärna och kropp vill ha
lugn och ro
Bara sova och njuta en liten stund
Snälla, snälla, ge mig bara en blund!

Plötsligt går min blick till den jävla ihärdigt lysande
klockan igen
Vaddå ännu är den inte sex utan bara tre
Låt mig nu få se

Mina tankar flyger omkring
Och med ett nästan apliknande sving
Befinner jag mig stående på golvet
Trevande vevande med armar för att få min
morgonrock på
Och vad är väl klockan då?
Ja just halv fyra
Nu börjar tamejfan till och med sekunder att bli
dyra
Om man ska hinna få någon sömn innan fyra

Hasande steg ut till min inställbara och underbara
räddningsfåtölj
Kastar mig ner, rycker i viloägesspaken
Redan i min nedåtgående rörelse är jag inte längre
vaken

Hinner med att bli både torr i munnen och åter i
kroppen stel som en pinne
Men fan det har ju ändå gått mer än en timme
Äntligen dags att upp och stå
Hjärnan glad för den vet ju vad den ska få
Ja just det dagens första pillerranson
Plötsligt är man åter en vaken person
I tron att nästa natt måste jag verkligen anstränga
mig för att sova
Snälla Mr. P kan du mig inte det lova!

Mr. P

Hej på dig!

Jag kallas Mr. P och jag kan lätt
Få din hjärna att kännas som en ogräddad plätt
Jag räknar ett, två, tre
Nu även din hållning förvriden och sne
Ja, jag är ju P – Mr. P

Överraskningar alltid på lut
Så att livet aldrig kan jämföras med förut
Ibland med ett glatt skratt
Tänker undrar vad är fatt?
Fattar inte ett dugg
Rycker till och sliter till mig en genomskinlig mugg
Gentlemannen Mr. P serverar te
Som från ingenstans och tom i tanken?
Men vad fanken!
Inget sött till?
Och varför alltid detta evinnerliga spill?

Som sagt vad
Mr. P kallas jag
Ibland väldigt pigg och glad
Men kom aldrig och slå vad
Att det ska hållas en hel dag
För Mr. P vet vad han gör
När någon eller något honom stör

Förändrar med ett snäpp humör
Fråga honom inte varför

Mr. P är en mycket muskulöst stel och
spretig man
Men gör allt han kan
För att detta inte visa när han segt och
långsamt bestämt rör sig fram

Men han har en liten antagonist
Som han hatar och tycker är trist
Som på bara ett par sekunder kan göra alla saker
man tänkt göra klart
Dess namn: Madopar
En liten rund grej på 100 milligram
Som är jättelätt att ta fram
Den berövar Mr. P hans själ
Och plötsligt är åter tillståndet väl

Det viskar: "Vad skönt"
Och livet återgår till nyansen grönt

Mr. P och jag går till sjöss

Hej och hå!
Till sjöss jag och Mr. P ska gå
Båten heter Misana
Kunde aldrig ana
Att det här äventyret skulle bli slutet
På min yrkesbana

Nå väl början var jätteskoj
Bara att få uppleva minnet att tillbringa natten i
äkta fartygskoj
Eftersom maten var mitt kall ombord
Kämpade jag och Mr. P alla dagar med att göra den
välgjord

En tacksam uppgift det var
När jag besättningen frågade hur den var
Ett leende jag oftast fick till svar
Nästan alla dar

Efter ett tag jag presenterade Mr. P
Alla sa: "Vad är det med det?"
De hade inte märkt
Att vi i byssan var två
Då kände jag mig stärkt

Dagar till sjöss kom och gick
Blev veckor månader år
Att jag trivdes tror jag ni förstår

Fast det var på ålderns höst
Blev jag av de unga accepterad och förstådd
Vilket för mig var en väldig tröst

Samförståndet mellan mig och Mr. P blev dock
sämre med tiden
Jag fick det allt krångligare att hantera kniven
Obalansen och tröttheten tog mer och mer
överhand
Så jag bestämde mig för att gå i land

Att handla

Att till affären gå
Är inte svårt att förstå
Men om man räknas som en – fast känner sig
som två
Då blir det ett satans jobb ändå

Tack och lov att det till en början finns
Automatiska dörrar så man inte behöver öppna åt
alla kvinns
Vad som sen skulle va bra att ha
Skulle vara en lots som visade hur man varorna
skulle ta

Till exempel, dessa små plastpåsar
Som tycks vara utan öppning så att varan som
kunde finna sin plats däri för det mesta i golvet
dråsar
Då ropar Mr. P med stress i rösten:
"Kommer du ihåg förra hösten när vi plockade bär
Det gick till ungefär så här"
Äh! Håll käften och hjälp mig att plocka upp resten

Efter en och annan avåkning i butiken
Ska man ta sig fram till kassan och försöka betala
hela skiten
Då börjar den där Mr. P på höger axel att hoppa
Och viskar: "Visst är det spännande att shoppa"

Räknar snabbt i tanken
Det blir fem moment tamejfanken
Först rycka åt sig två kassar
Oh, hoppas att dom passar
Nästa moment, framåt böj!
Varor ur vagnen upphöj!
Gick bra! Va sköj!

Två snedsteg framåt säga hej
Till en pigg kassatjej
Kort ett och två i automaten, skaka handen i styr
Slå in pinkoden ett två tre fyr
På gröna knappen enter, väntar, blir spänd
Om man ska få se på displayen: godkänd!
Sist kommer det värsta, lugnt plocka ner allt igen
I dessa plastpåsar medan man är så ansträngd
Med att alla saker hålla isär

Tänker när man går ut: Nu får det dröja till nästa
affär!

Prova kläder

Att prova kläder
För en som har parkinson är som ett vårväder
Solen skiner, fåglarna kvittrar, ljummen vind
Stryker ens kind
Plötsligt när man ett par byxor försöker dra på
Fan jag har blivit trind ändå
Fast jag tränat för två
Omkast i vädret hör till våren
Men hjälper inte låren
När man står med benen brett isär
Och sin förvridna och stela kropp klär
Skriker högt och ljudligt va fan
Måste det alltid bli så här?!

När äntligen byxorna sitter slappt på nedre delen av
kroppen
Och från pannan hoppar den tydliga
paniksvettdroppen
Då tror man att man är klar
Men fan rumpan är ju halvt bar
Så man fortsätter med krampiga händer
i byxlinningen och drar
Men från händerna kommer inget svar
Tänker stilla:
"Det här kommer ta åtminstone ett par dar"

Byxorna är på
Ja vad väntar du på

Ja visst ja en snygg skjorta kanske passar
Tittar mig runt och svär, alla har knappar
Genast mitt humör jag tappar
Men testar i alla fall en jättesnygg sak
Skjortan på ryggen rak
Med fingrar smidiga som gelé
Räknar ett två tre
Nu du lilla knappen ska du få se vad som ska ske
Fingrarna kämpar och står på
För att knappen genom hålet få
Men det går inte så bra
Så jag låter det va
Och ber någon hjälpa till
Lovar att stå still
Fast kroppen inte vill

Inte värst roligt att begära hjälp för en så liten
bagatell
Men så är det när jag mot Mr. P måste vara snäll

Vårlig terapi med Mr. P

Med spretiga stela armar kränger jag på mig
blåstället
Håller sånär på att ramla omkull
Skulle någon se mig trodde de säkert
att jag var full
Allting går inte så lätt
När man har att göra med en sprätt
som Mr. P

Väl utkommen på gården drar jag in den underbara
solsmaskiga luften
Funderar ett tag på var jag ska börja
Jo på gräsmattorna ligger en massa smörja
Kliar med krattan
På den yrvakna gräsmattan
Den ryser och skakar på sina vintertrötta strån
Undrar var det sköna kliandet kommer ifrån!
Jag ler tillbaka
Ropar högt:
"Av det här ska hela tomten få smaka!"

Men så uppstår ett litet problem.
Gissa med vem?
Klart ni förstår
Framför mig Mr. P står
Han skriker: "Inte fan har du rätt att uppleva en
mysig vår!"

En tanke i hjärnan skakar till
Jag har svårt att stå still
På min kind rullar en liten tår
Vad är det jag inte förstår?
Jag vet att jag inte rår för
Men varför dessa förvirrande tankar härliga
vårdagar förstör?

Men idag ska jag inte ge upp så lätt
Greppar krattan med ett skakande grepp
Börjar kratta en ny plätt

Efter ett tag mitt glada humör återvänder
Jag känner mig stark istället för svag
Får till slut uppleva en helt härlig vårdag

Matlagning med Mr. P

Att laga mat för mig har alltid varit skoj
Men nu med dagligt sällskap av Mr. P
Kokar jag helst bara te

Nej skämt å sido
Men snabbheten med kniven har farit
Antagligen för att Mr. P finmotoriken tagit
Likaså logistiken och tekniken och
"misan plassen"
Liknar mest ett rådjur som gått vilse i vassen

När äntligen ingredienser, grytor och kastruller
kommit på rätt plats
Tar jag med en liten förvirrad tanke sats
Börjar som vanligt med löken
Vilket man gör i de flesta köken
Kanske inte i nomadköken
För där råder enbart en oändlig sandöken

Nåväl ett sidospår sådär

Nu tillbaka på plats
Med skalkniven i höger hand
Ryckiga rörelser på morotens kropp
Men ojdå nu är det plötsligt full galopp
Tar tyvärr inte lång tid för Mr. P att sätta stopp
Vid sådana tillfällen ger man lätt opp

Men glädjen att laga mat sitter i ryggmärgen
Den kan aldrig ifrån mig tas
Blir jättearg och kallar Mr. P "Ditt jävla AS"
Fortsätter lite ryckigt som om ingenting hänt
Bortblåst är den hemska känslan
Och glädjen att laga mat har återvänt

Skyndar mig på att göra förrätt varmrätt efterrätt
allt på en gång
Fort ska det gå och gärna med hög volym av en
glädjesång

Stunden efter – när all mat ligger vackert upplagd
på ett fat
Inträder känslan återigen:

VAD UNDERBART ATT KUNNA LAGA
MAT!

Mr. P och jag åker spark

Vägen låg hal vit och lockande fin
Fan jag åker och köper mig en spark tänkte jag med
ett flin
Sparken jag köpte var röd
Blir fint mot snö
Kommer att lysa som den glöd
Man finner i en parkinsonhjärnas nöd

Så fort jag ska göra något som jag tycker är kul
Dyker Mr. P upp för att ställa till med lite strul
Men den här gången såg jag min chans
Att bjuda upp honom till dans
Med detta vill jag mena
För att åka spark måste man använda bena
För när jag såg att tiden var inne
Tänkte jag sparka iväg honom som en gammal torr
och trött pinne

Samlade all kraft som i ena benet fanns
Sparkade till Mr. P allt vad jag orkade men
samtidigt for min balans
Så i diket jag for med en jäkla duns
När jag så småningom snöig och yr kom till sans
Visste jag säkert att Mr. P fortfarande fanns kvar
någonstans

Stel och ryckig kom jag upp på vägen tillbaka
Som vanligt i en sådan här situation började
högerhanden skaka
Långsamt satte jag mina båda händer på sparken
tillbaka
Började så sakta åter framåt åka
Tänkte: "Får vid ett annat tillfälle med Mr. P
bråka"

Därefter gled min röda spark snyggt fram på
vägens blanka och hårda yta
Ända tills min kondition och ork började tryta
Så med ett glatt humör gav jag opp
Medan det ännu var på topp!

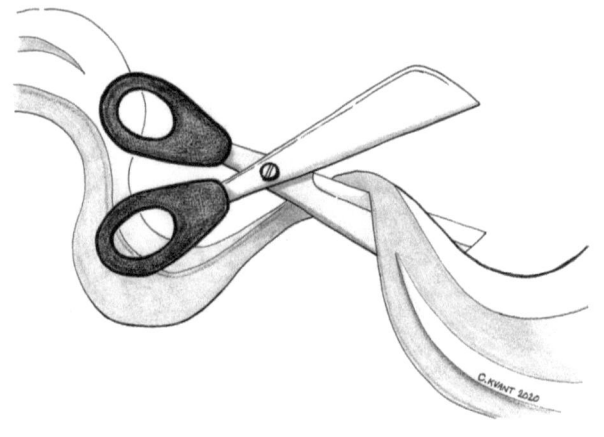

Att komma överens med Mr. P

Äntligen vaknar jag upp en solig vintermorgon
Med en pirrande känsla att nu är det dags
Att sluta fred med Mr. P
Men hur då?
Klipp av ondskebandet med en vass sax

Acceptera förstå!
Släpp taget! Det måste gå!
Bara klara av att samsas med att vara vi två

Ibland är Mr. P bra att ha
När man känner sig ensam någon da
Sätta sig ner, ta en kaffe, bara koppla av
Utan att ha några krav
Prata en stund med någon som förstår
Att tiden här och nu kan vara svår
Men att den bara fortsätter och går

Och Mr. P är också kul att se på
Speciellt när man skall ut och gå
För alla kläder som skall på
Långsamt det går för armar och ben
Stressar hysteriskt för att inte bli för sen
Men då låser plötsligt Mr. P samtliga rörelser
och ben
Viskar tyst i mitt öra:
"Sådär ska du inte göra"

Andas djupt och tänker efter
Börjar om med annan taktik
Suckar glatt: "Nu är du dig lik"
Skrattar högt och ljudligt åt Mr. P
Jag har mig inte åt honom vikt

Åka slalom med Mr. P

Något fantastiskt hände just efter nyår
Efter uppehåll på sådär nio år
Skulle jag försöka göra ett nytt slalomspår
Nedför en nypreparerad pist
Till all lycka det gick visst
Fastän det mellan mig och Mr. P hade varit en liten
tveksam tvist

Jo så här gick det till
Från början var det mycket svårt att sitta still
Med spretiga och stela lemmar drar jag på mig
mina gamla kläder
För här uppe i fjällen är ett lite annorlunda väder
Och som om det inte skulle räcka
Står Mr. P där på golvet och hoppar upp och ner
som en spänd fjäder
Skriker: "Det kommer ändå inte gå fast du byter till
skidkläder!"

Men jag tänker efter
Kommer ihåg vad Amatheus alltid säger:
"Man ska aldrig ge upp!"
Blir genast alert
Får på mig kläderna med en snärt
Men med pjäxorna går jag på en nit
Böjer och böjer men når inte ner
Tur att min hustru ser vad som sker
Kommer till min räddning och fixar mina pjuck

Där fick du viskar jag åt Mr. P som ser ut som en
hjälplös eunuck
Känner mig som en kung
Så där man kände sig när man var ung
Och stark
Utan parkinsonknark

Ja då står jag plötsligt uppe på backens topp
Utan att veta hur jag har kommit opp
Med en svepande undrande blick jag tittar ner
Hänförd av vad jag ser
Ett litet kittlande rus sprider sig i magtrakten
Samtidigt medveten om Mr. P:s negativa tänkande:
"Med din nuvarande diagnos
Kommer du i denna backe att förgås"
Men med en lycklig flashback i min nacke
Kastar jag mig utför denna underbara backe

Och vad hände!
Jo ljudet av skidorna mot den mjuka och
gnistrande snön mina gamla skidinstinkter som
gevärsskott tände
Som ett vattenfall jag susade ner
Och står nu här och ler

Med motorsåg och Mr. P

Ut i skogen vill jag gå
För att fälla ett träd eller två
Med armar hängande som en apa
Redo att kapa
I ena handen motorsågen, min kära lilla Husqvarna
I andra handen något ansträngd, bensin och olja
På mina axlar och nacke sitter den självutnämnde
härskande Mr. P
Han gör mig jävligt illa till mods
Till råga på allt har jag glömt mina skyddsboots

Ställer rekvisitan på sin plats
Startar sågen och tar sats
Siktar in mig på en gran
Nu ska Mr. P allt se på fan

Vinklar sågen, trycker till
Sågen rycker, svårt att stå still
Nu passar Mr. P på
Och tror han kan göra hur han vill
Trycker på balansknappen
Jag skriker till
Då tar han till sjappen

Fortsätter att såga, spån och flisor far vilt omkring
Jag är som jag vore i trans
Var jag en apa vore risken stor
Att jag skulle såga av mig min svans

Sågen gör så jag känner mig som en riktig man
Så lycklig jag skulle vara om min parkinson
försvann!

Drömmen

Vaknar upp helt klarvaken
Klockan fyra på morgonen, tittar mig piggt
omkring
Fattar för tillfället ingenting
En fantastisk dröm levde i min tanke!
Trodde tamejfanke
Att den ett tag var sann
Ingen stelhet där fanns, rullade mig runt
Reste mig lätt upp
Kände mig glad, redo som en pigg stridstupp

Rusade snabbt ut till köket som en vig gasell
Upptäckte genast en liten bagatell
Två små piller var framtagna kvällen före
Menade att på morgonen intas
I min hjärna började då en ny fas
Alla mina positiva tankar for i kras

Piller!
Vad inbillar jag mig för diller!
Men drömmar är ändå sköna att ha
För att klara av livet var eviga da!

Chia – mitt andra barnbarn

Egentligen kunde min bok ha hetat
Jag & Mr. P och mina hjälpantagonister

Fyra år tillbaka i tiden
Då pågick en hård strid en
Mellan mig och Mr. P,
Men vänta nu ska ni få se!

För samtidigt kom Chia till oss
Vårt andra barnbarn som direkt mot Mr. P
förstod att slåss
Det bästa i kråksången
Hon behöver bara springa en bit in på
portalgången
Vips finns hon plötsligt vid min sida
Beredd att mot min värsta Mr. P strida

Denna lilla söta ljusängel har sedan hennes
första andetag mig förstått
Hon är nu bara fyra år
Och jag kan inte med ord förklara hur hon enkelt
säger:
"Morfar jag förstår!"

En torsdag var jag på språng med en kartong
In i hennes hall bärandes denna tunga börda
Tänkte nog Mr. P mig slutligen mörda

Chia satt och lekte en bit bort och jag fick brått
Men så plötsligt befann jag mig en halv meter
upp i luften – framåt flygande!
Hörde samtidigt Mr. P:s väsande stämma:
"Nu jäklar ska jag dig ordentligt klämma!"
Kände och hörde mitt huvud mot en fast köksbänk
knaka och braka
Kände med handen på min blödande skalle
Och tänkte att nu är nog det här ägget spräckt
Min lilla skyddsängel Chia såg på mig förskräckt
Men lugn hon var när jag låg där blödandes på ett
sopborstskaft
Hennes mor Jennie och hon tog fram sin helande
kraft

Mr. P log sitt värsta flin
Men min skyddsängel Chia satt stilla och lugn
med en värmande min.
Efter 45 minuter på Ålands hospital
Fick jag en rakad skalle och stygn 16-tal

Livet hos en människa som Parkinsons sjukdom
har
Innebär många kämpiga dar
Men jag har två underbara hjälpänglar som
förgyller mina dar

Tack Chia och Amatheus för att ni finns!

jorden

Fyra grader vad är väl det?

Fyra grader vad är väl det?
Ja, vänta får du se!
Tänk på saken medan du sitter och dricker ditt te

Alla världens isberg
Kan inte mot fyra grader stå pall
Det kommer att bli ett enormt oceaniskt vattenfall
Du hade nog önskat
Att vara född till fisk
För att vara människa
Innebär en stor risk

Nu måste vi väl ändå förstå
Att vi klimatmålen med mindre utsläpp
måste uppnå
När till och med ekonomiproffesurerna säger
Att man inte kan på planeten jorden mänskligheten
mera garantera
Att fortsätta konsumera och producera
Ett behagligt liv få leva
Nej vi måste nog starta om
Kanske ända tillbaka till tiden med Adam och Eva
Endast klimatsmarta saker producera och
ekologiskt leva!

Ett paket

Tänk om man till jul kunde få ett paket
Vars innehåll skulle vara en ny planet
Om jag nu också var en rik och mäktig man
Och för att göra denna dikt tillfälligt sann
Hanterar jag detta paket
Efter vad jag nu om jorden vet:

Det kan inte vara riktigt att jag som på denna delen
av planeten bor
Har det så bra att jag har både strumpor och skor
Medan människor på andra platser måste lida och
offra sin del av Moder Jord

Global etik
Samt smart teknik
Är det enda som just nu inte känns fel
För att bibehålla min planet hel
Så varför inte göra slag i saken
Lyfta på baken
Tänka på våra barn, barnbarn, alla andra
Och börja leva vaken

Till exempel när vi köper nya ting
Uppträd inte då som att du är ding
Låt då din etik få tillfälle att komma in
Möjligheten finns att du då köper ingenting

Men jag är ju både mäktig och rik
Van att få kritik
Vet att jag får ej göra nya planeten den gamla lik

Packar ömt och strålande glad upp min nya planet
Men så här såg ju inte den förra ut så vitt jag vet
Här finns ju massor av skogar
Natur och vackra djur
Tänk inte en enda bur!

Blir i full extas
Det var ju för det vi skulle lyssna på forskarna och
höra upp vad som på andra ställen på jorden sas!

Nej låt nu inte jorden gå in i sin sista globala
uppvärmningsfas!

lite till

De senaste åren med min sjukdom har varit väldigt jobbiga för både mig och mina nära. Mr. P gick helt enkelt in i sin komplikationsfas som det heter och medicinen fungerade inte lika bra längre. Under många av dessa dagar har jag behövt hjälp med i princip allt av min familj. Under den här tiden har jag inte heller skrivit några dikter.

Men i december 2019 fick jag efter en lång process möjligheten att åka till Uppsala och göra en operation som heter Deep Brain Stimulation/Djup hjärnstimulering (DBS).

DBS är en kirurgisk behandling som innebär att elektriska impulser skickas från en pulsgenerator i bröstet via elektroder till speciella områden i hjärnan för att lindra rörelsesvårigheter.

Följande text handlar om hur jag upplevde det i samband med operationen.

Nu har ett år gått och jag är väldigt tacksam för den livskvalité operationen har gett mig. Just nu kan jag göra sådant jag inte har kunnat göra de senaste åren – till och med knäppa knappar!

Operation

Kvällen innan operationen var så känslofull att jag
absolut måste skriva om den.

På Akademiska sjukhuset finns en stor lokal nere
på bottenvåningen med ett tjusigt piano, fåtöljer av
bambu och gröna fina växter. På söndagskvällen
var jag nyduschad och väldigt snäll. Mr. P försökte
så gott han kunde hänga med. Det gick liksom sick-
sack mönster i luften och ett vinande ljud smög sig
in i mitt vänstra öra

Mr. P log och blev glad av att detta surrande
höra.

Med respekt för livet kan man inte ta utgången
vid en operation för givet. Hela familjen var
samlad. Jag spelade lite på pianot och rummet
fylldes av ödmjukhet. Efter en kort stund dansade
jag och min fru Kerstin. Det kändes som att det var
min sista dag i livet!

Så kom då stunden när jag låg på en knallgrön bår.
Mr. P satt och trummade lite lätt på mitt huvud där
de blivande hålen in till mitt allra innersta kontor

skulle digitaliseras. Han tog det tämligen lugnt. Jag gled in i ett crescendo av starka strålkastare; så mycket folk! Jag behöver en verklighetstolk! En kvinna klädd i en typ av rymddräkt lutade sig över mig och sa käckt:

– Din läkare Anders har blivit sjuk.

– Det var som fasen, men raka av mig håret det gick bra?

Kände genast ett mullrande skratt och sen ett viskande från Mr. P: Vem ska operera mig nu då?

Nästa kvinnliga rymdmänniska som vände sin blick mot mig sa:

– Det blir Leena, hon är bra!

– Okej, sa jag.

Efter någon sekund släppte jag taget och det kändes som att jag åkte nerför en lång härlig rutschkana. Jag möttes av tusen rymddräktsmänniskor.

Resten av förmiddagen såg varken Mr. P eller jag av varandra, för under den tiden var vi ute i andra världar och vandra.

När alla tekniska saker i min hjärna var på sin plats skulle jag åter göra entré. Ett lugnt spännande ställe kom jag till och Mr. P sov sött. Jag kände mig också en aningen trött, men upprymd som jag var sjöng jag om Mördar-Anders sista dag.

Uppvaknandet var segt som en sirapsfläck på ett gammalt bord. Tårarna rann sakta ner på mina kinder när jag såg min familj. En luddig tanke: Nu finns inga hinder!

Jag opererades på måndag, på fredag for jag hem till Åland med vitt inlindat huvud och massor av nya göra-tankar!

Tack!

Den här boken finns till tack vare några personer. Dessa vill jag tacka.

Den som har burit det största lasset genom min sjukdom är min fru Kerstin, hon har kämpat med mig i alla tänkbara situationer. Det har inte varit lätt med en envis och speedad parkinsonkille som jag. Tack för att du orkar!

Jag vill också tacka mina underbara döttrar Jennie och Sophy för att ni har hjälpt mig genom många svåra stunder, samt redigerat mina dikter och fått ihop den här boken (men lämna tillbaka skruvdragaren!).

Samt vill jag tacka Christer Kvant som har tecknat alla träffande illustrationer och gjort omslaget, Sai Johansson Nordlund som har hjälpt till med formen på inlagan och Tomas Malm som har fungerat som bollplank längs vägen.

Sist men inte minst; mina två barnbarn och världsänglar Amatheus och Chia som har inspirerat mig till många roliga och skrattiga stunder.